AF470082

NOTICES

BIOGRAPHIQUES

SUR

P.-H. LEPAGE (DE GISORS)

Pharmacien,
Fondateur et Président de la Société des Pharmaciens
du département de l'Eure,
Membre correspondant de l'Académie nationale
de Médecine.

ÉVREUX
IMPRIMERIE DE ERNEST QUETTIER
RUE CHARTRAINE, 37

1887

Obsèques de M. Lepage, président et fondateur de la Société des pharmaciens du département de l'Eure.

(Extrait du journal le Vexin.*)*

Au moment où paraissait notre dernier numéro, nous apprenions la mort de l'un de nos concitoyens les plus éminents, M. Hippolyte Lepage. Une courte maladie avait en peu de jours amené cet évènement aussi fatal qu'inattendu.

M. Lepage était avant tout un homme de science et d'étude, mais c'était en même temps un homme de bien et ses obsèques ont prouvé qu'il emportait les regrets de la population de Gisors tout entière. Sa vie, exempte de passions et d'ambitions malsaines, s'écoula dans la pratique des vertus publiques et privées les plus recommandables et, pour emprunter l'heureuse expression de l'un des orateurs qui ont pris la parole sur sa tombe, à l'ombre d'un seul drapeau, celui de l'honnêteté et de la science.

Une plume autorisée retrace plus loin la nomenclature des travaux scientifiques de M. Lepage, qui faisait partie d'une foule de sociétés savantes et étrangères.

Ses obsèques ont été célébrées mardi dans l'église de Gisors. Le char funèbre était couvert de couronnes et de fleurs, et de chaque côté marchaient les enfants de l'école chrétienne des Frères. Les cordons du poële étaient tenus par MM. Le Père et Dufay, anciens maires de Gisors; Genevoix, président de l'Association générale des pharmaciens; Robine, trésorier du conseil de fabrique; Ed. Durand; Ménétrier; Colombe, ancien pharmacien; Gascard, pharmacien à Evreux, vice-président de la Société des pharmaciens de l'Eure. M. Ch. Patrouillard, pharmacien à Gisors, gendre de M. Lepage, et M. Comar, son beau-frère, conduisaient le deuil. M. l'abbé Bignon, doyen de Gisors, assisté de ses vicaires, a officié et donné l'absoute. Pendant la messe, le choral du cercle catholique a chanté quelques morceaux funèbres. M. l'abbé Bouchard, vicaire de l'Evêché, ancien vicaire de Gisors, ami du défunt, a donné l'offerte.

Au cimetière, les dernières prières terminées, M. GENEVOIX prit la parole, et dans une improvisation émue, prononça le discours suivant que nous nous félicitons de pouvoir reproduire :

« Mesdames, Messieurs,

« Au nom de la Pharmacie centrale de France, au nom de l'Association générale des pharmaciens de France, je viens dire adieu à l'une des illustrations de la pharmacie française, Hippolyte Lepage !

« Lorsqu'une ville entière se lève pour rendre les suprêmes hommages à l'un de ses enfants, on peut affirmer que l'existence de ce citoyen a été un modèle de travail, de vertu, de dévouement. Les masses populaires ne se trompent pas dans cette ovation spontanée rendue à la dépouille mortelle de l'homme aimé qui va dormir son dernier sommeil. Aussi, est-ce bien une apothéose que cette manifestation sympathique des compatriotes de notre vénéré confrère. Lepage méritait à tous égards le souvenir respectueux et attendri des témoins de sa longue carrière.

« Fils de ses œuvres, parti de l'origine la plus modeste, il a eu pour berceau intellectuel l'école du village, d'abord, puis à 14 ans l'humble laboratoire d'un pharmacien de Bacqueville, dont le frère l'initia aux premières notions de la langue latine.

« Ces débuts pénibles de Lepage ne firent qu'aiguillonner son courage, et arrivé à Rouen en 1832, sous la protection de l'éminent chimiste Girardin, il fit de rapides progrès dans toutes les sciences attenant à la pharmacie.

« Il possédait l'énergie de la volonté à ce point dès ses premières études, qu'à peine reçu pharmacien devant le jury de Rouen, après l'acquisition de son officine, à Gisors, il ne voulut pas se faire recevoir devant un autre jury, et se rendit à Paris où il passa brillamment tous ses examens devant l'Ecole supérieure de pharmacie. Alors commença pour lui la laborieuse carrière que vous connaissez tous, durant laquelle il a semé les bienfaits autour de nous, au conseil d'hygiène, au conseil municipal, dans les écoles, au collége, à l'administration de l'hospice, à la justice de paix, à la mairie, pendant les jours néfastes de l'invasion, au tribunal dont il éclairait les débats, à la voirie, dans toutes les questions tenant à l'agriculture, à l'industrie, où il a multiplié sa science, son expérience, son amour de la vérité, dans un nombre considérable de rapports et de mémoires qui font autorité, comme en témoigne son étude remarquable sur la contamination des cours d'eau par les résidus des sucreries.

« La chose publique l'attirait, et son cœur généreux ne lui marchanda jamais son concours ; il avait des convictions religieuses très-sincères, c'était un noble et grand chrétien, et dans sa vie entière comme à sa dernière heure, il a affirmé sa foi sans jactance, mais avec la plus louable fermeté.

« Sa profession n'eut pas à souffrir de la multiplicité de ses travaux ; sur elle se sont reportés les plus nobles efforts de son dévouement; pour elle, il est resté soixante ans sur la brèche, et alors même qu'il avait droit au repos, alors même que la collaboration de son bien-aimé gendre, qu'il avait su choisir digne de lui, pouvait lui permettre de jouir des loisirs que la Providence lui avait réservés, il n'en voulut pas de ce repos, le trouvant indigne de lui, et à la veille de sa mort, il dictait encore l'ordre du jour pour la prochaine assemblée de sa chère société de l'Eure, où il avait concentré toutes ses affections professionnelles, pour laquelle il avait écrit tant de mémoires, tant de notes scientifiques et pratiques.

« Cette affection confraternelle, dont il a répandu tant de preuves officieuses durant les vingt-cinq années de son inspectorat des pharmacies, lui a inspiré ce *Guide du Praticien* qui, dans les grands établissements comme dans les plus humbles officines est le *vade mecum* du pharmacien, la lumière nette, précise de ses investigations, de l'examen de toutes les substances qui entrent au laboratoire.

« Qui pourra jamais énumérer les services rendus par ce petit volume où sont concentrées les connaissances les plus étendues et les plus utiles ? Les récompenses de toutes les sociétés savantes du monde sont venues trouver notre modeste compatriote, dont vous n'oublierez pas la physionomie grave et avenante où semblait imprimée la tristesse la plus profonde, qui ne s'était pas dissipée depuis la mort de son fils, avec lequel ont disparu tant d'espérances.

« La plus haute distinction reçue par Lepage a été celle de membre de l'Académie de médecine de Paris ; celle qui lui a manqué, et vous êtes la protestation vivante de cet oubli, a été la croix de la Légion d'honneur.

« Votre véritable récompense, cher et vénéré confrère, vous la trouviez dans l'estime et l'admiration de vos compatriotes ; dans votre intérieur si aimant, près de votre compagne, dont la douleur est incommensurable ; près de votre fille qui vous adorait ; de votre second fils, qui continuera votre tâche dans la science et dans les services rendus, en se complaisant dans votre vivifiant souvenir ; près de ce cher Comar, qui vous aimait comme un père ; — et n'étiez-vous pas le père chéri de tous les parents dont vous étiez l'idole et le point d'attraction ?

« Au nom de tous ces chers désolés, vénéré confrère, au nom de ces innombrables amis qui pleurent autour de votre tombe, au nom de tous vos amis absents, et quel en est le nombre ? je vous dis adieu ! Soyez heureux, car vous avez été béni ! »

M. Gascard, pharmacien à Evreux, prononça ensuite les paroles suivantes :

« Messieurs,

« Au nom de la Société des pharmaciens de l'Eure, j'adresse un dernier adieu à l'homme éminent qui en a été le fondateur et qui, comme président jusqu'à ce jour, a su en maintenir le niveau professionnel et scientifique à un degré qui lui donne une place si honorable parmi les sociétés sœurs.

« Ce n'est pas ici le lieu de retracer sa vie, ni même d'indiquer succinctement ses titres et les nombreux travaux qui lui ont valu l'estime de tous ses confrères et du monde savant.

« Un pareil panégyrique n'a sa place que dans les bulletins de la Société qui est son œuvre. Je me borne à dire ici qu'il laisse parmi nous un vide très-difficile à combler, et un souvenir qui ne sortira jamais de la mémoire de ceux qui ont eu le bonheur de le connaître et d'apprécier l'affabilité et la droiture absolue de son caractère.

« Au nom de tous nos confrères du département, au nom des membres titulaires et correspondants de la Société, je vous adresse, cher Monsieur Lepage, un suprême adieu ! »

Enfin, M. Ménétrier, notaire, suppléant du juge de paix de Gisors, s'exprima en ces termes :

« Messieurs,

« Collègue de M. Lepage dans de modestes fonctions judiciaires, je viens, au nom des habitants de la ville de

Gisors, dont M. Lepage fut l'une des illustrations, ajouter une parole d'adieu et de reconnaissance à celles que vous venez d'entendre.

« Voici quarante-six ans que M. Lepage est venu habiter cette ville, et depuis ce moment chaque jour de sa vie a été marqué par un service rendu à ses concitoyens.

« Successivement adjoint au maire de Gisors, membre de la commission administrative de l'hospice, président du conseil de fabrique, suppléant du juge de paix, M. Lepage s'est montré dans ces diverses fonctions ce qu'il était en toutes choses, plein de tact et d'affabilité, d'un dévouement au-delà de tout éloge. Sa fin a été digne de sa vie : sentant ses forces l'abandonner, il a fait le sacrifice de son existence en chrétien convaincu et il est mort sans faiblir, laissant un grand exemple.

« Du moins, Messieurs, M. Lepage, en mourant, a eu cette consolation suprême de penser que les traditions de science et d'honneur qui lui tenaient tant au cœur se perpétueraient dans la famille si honorable qui l'entourait et lui survivraient.

« Puissent ces sentiments, qui sont ceux de tous les habitants de Gisors, adoucir quelque peu la rigueur d'une aussi cruelle séparation.

« Adieu, cher Monsieur Lepage, adieu ! »

Notice biographique sur M. Lepage,

Par M. Louis PASSY, député de l'Eure.

J'ai vivement regretté de n'avoir pu rendre à M. Lepage les derniers devoirs et les derniers honneurs. Je lui étais attaché depuis trente ans par des liens de cordiale sympathie. Des relations scientifiques étaient établies entre mon père et M. Lepage bien avant que le cours des évènements ne nous ait rapprochés et unis dans des relations administratives, et, pour moi, c'est presqu'un devoir que de rappeler les divers mérites de cet homme de bien.

M. Lepage avait naturellement toutes les qualités d'un savant : la modestie, la sagacité, la patience. Il fallait que sa vocation fût bien marquée pour que ce professeur de physique et de chimie du collége de Gisors transformât, il y a quarante ans, son atelier pharmaceutique en un laboratoire scientifique. Non content de préparer lui-même les médicaments de sa clientèle, il chercha des solutions nouvelles et ne tarda pas à accumuler, sur des points donnés, maintes observations qu'il contrôlait et rectifiait avec une persévérance toujours couronnée de succès. Depuis 1840 jusqu'en 1857, je compte dans le *Journal de Chimie médicale* et dans le *Journal de Pharmacie et de Chimie* vingt-deux notices relatant des expériences faites, et bien faites, dans son laboratoire de Gisors. Je me souviens fort bien que M. Lepage vint récolter en 1856 des marrons d'Inde dans notre jardin, et qu'il fit à cette époque un mémoire dont il entretint mon père et moi-même, sur l'histoire chimique et technologique du marron d'Inde. L'Association normande couronna ce travail.

Je ne suis pas compétent pour juger les nombreux mémoires que M. Lepage continua de publier presque tous les ans sur des matières d'hygiène, de pharmacie et de chimie proprement dite. Ces travaux ont reçu leur récompense naturelle ; parmi ces travaux couronnés, un des premiers en date est l'*Essai sur les caractères que doivent présenter les principales préparations pharmaceutiques officinales*, couronné en 1866 sur la proposition du Comité consultatif d'hygiène de France ; un autre est l'*Etude sur la préparation et le caractère des principaux extraits pharmaceutiques*. Ces mémoires l'amenèrent alors à composer, en collaboration avec son gendre et ami M. Ch. Patrouillard, un travail sur la *Pureté des principaux médicaments chimiques*. Toutes ces études se condensaient dans le *Guide pratique pour l'essai des médicaments galéniques et chimiques inscrits au Codex*. Ce dernier ouvrage achevé en collaboration avec M. Patrouillard, et couronné par l'Institut, retint sur lui la bienveillance de l'Académie de médecine qui lui accorda le titre de correspondant en 1881.

Peut-être me sera-t-il permis, avec un peu plus de compétence et tout au moins avec un sentiment très-vif de gratitude, de rappeler à notre arrondissement et à la ville de Gisors les travaux véritablement distingués dont

M. Lepage enrichit l'histoire de notre pays. Je parlais tout-à-l'heure des faits relatifs à l'histoire du marron d'Inde. Je ne puis oublier le mémoire sur les plantes du vieux château de Gisors et des environs, publié dans le *Bulletin* de l'Académie impériale de médecine en 1861. Mon père, qui avait présidé à la publication de la flore du département de l'Eure, estimait infiniment ce travail, et si je ne puis dire dans quelle mesure, je puis du moins affirmer qu'il fut le collaborateur et le conseiller de M. Lepage dans ces recherches éminemment gisorsiennes. Mon père, qui avait fondé avec Brongniart la Société botanique de France et dont je possède encore le bel herbier, prodiguait les encouragements à tous ceux qui s'occupaient de science, et M. Lepage eut la bonne fortune d'en profiter. Mon père n'existait malheureusement plus quand M. Lepage publia, en 1879, son curieux catalogue des plantes médicinales du département de l'Eure, catalogue qui lui appartenait en propre et qui mériterait, ce me semble, la publicité d'une nouvelle édition.

La botanique ne doit pas me faire perdre de vue l'hygiène et la chimie qu'occupait en maître M. Lepage et qui lui inspirèrent en 1868 l'*Examen des eaux potables et économiques des principales localités de l'arrondissement des Andelys.*

Le mérite de M. Lepage, consacré d'année en année par une suite de publications scientifiques, finit un jour par le mettre au premier rang, non-seulement des pharmaciens, mais des savants du département de l'Eure. Aussi, quand, à son instigation, les pharmaciens de l'Eure se constituèrent en Société, ils choisirent M. Lepage pour président d'une voix unanime. Son discours d'installation, prononcé le 20 septembre 1874, est court, mais plein de dignité, de convenances et d'amour vrai de la Société. Pendant douze ans, notre compatriote présida cette Société dont le *Bulletin* annuel contient les notes les plus intéressantes et dont le Conseil général a toujours accueilli l'hommage avec grande faveur.

N'est-il pas vrai qu'il faut avoir perdu les personnes qu'on estime ou qu'on aime pour apprécier leur véritable valeur et l'influence qu'elles exerçaient autour de nous ?

Cette triste et consolante réflexion suivra la mémoire de M. Lepage dans la science comme dans l'administration. Ceux qui, comme moi, se souviendront toujours de l'année à jamais douloureuse de 1870 à 1871, se rappelleront le rôle qu'a tenu M. Lepage au sein de ce courageux et dévoué conseil municipal qui tint tête à l'invasion ; M. Lepage faisait partie de la municipalité en 1871 et il supporta sans faiblir sa part de chagrins et de peines. Dans toutes les positions où l'appela la confiance de ses concitoyens et de l'administration, dans le conseil de l'hospice comme à la justice de paix, il fut à la hauteur de sa tâche, et l'expression de notre haute estime a trouvé, hier même, au conseil municipal, un écho dans les déclarations de regrets que sa perte a inspirées à M. le maire de Gisors.

C'est qu'en effet le caractère même de M. Lepage le mettait un peu en dehors de nos luttes. S'il resta fidèle à ses amis et très-ferme dans ses convictions politiques et religieuses, il se tenait volontiers à l'écart et évita toujours les batailles de paroles qui aigrissent les situations. Personne ne lui a jamais refusé une grande tenue et beaucoup de distinction. Son action sage, sa parole mesurée, son esprit éclairé feront défaut à ses amis comme à ses adversaires. La vie publique est très-difficile quand on cherche à faire quelque bien, et les hommes de bonne volonté et d'expérience résolue sont assez rares pour qu'on marque avec respect la place qu'ils occupaient hier et que leur souvenir remplit seul aujourd'hui.

Notice biographique sur M. Hippolyte Lepage, pharmacien, membre correspondant de l'Académie de médecine,

Par M. A. Malbranche, secrétaire de l'Académie des sciences, arts et belles-lettres de Rouen (classe des sciences).

Lue à la séance publique annuelle de la Société libre d'agriculture, sciences, arts et belles-lettres de l'Eure.

C'est un souci des plus touchants et des plus légitimes des Sociétés de conserver à la postérité le nom et les exemples de ceux qui se sont distingués par leurs talents ou leurs vertus. La Société libre de l'Eure n'a jamais manqué à ce devoir envers ses compatriotes. A ce titre, l'homme de bien et de science auquel la ville de Gisors rendait dernièrement un public et solennel hommage, Hippolyte Lepage, mérite de prendre rang parmi nos célébrités locales, et c'est avec justice que la section de l'arrondissement de Bernay a voulu honorer sa mémoire par une inscription commémorative à son lieu de naissance et par une notice sur son œuvre, dont j'ai accepté avec plaisir la rédaction.

Lepage (Hippolyte) est né à Saint-Aubin-de-Scellon (Eure), le 5 mai 1814, de parents cultivateurs, auxquels des revers de fortune avaient imposé une certaine gêne, et qui ne purent lui faire donner qu'une instruction très-élémentaire ; mais ce point de départ modeste ne fait qu'ajouter aux titres de notre collègue, qui sut trouver dans son désir de s'instruire, dans sa ténacité au travail, des compensations aux ressources littéraires qui manquèrent à ses premières années. Ses parents étaient venus habiter les environs de Rouen, et, sur les conseils de M. Lebret, pharmacien de cette ville, qui avait pressenti les aptitudes du jeune homme, ils se décidèrent à le placer comme apprenti chez M. Levavasseur, pharmacien à Bacqueville. C'était en 1828, Lepage avait alors 14 ans. L'apprentissage fut rude, pour lui surtout qui était d'une santé délicate ; les élèves faisaient alors tous les travaux d'un homme de peine ; outre le service de détail, toute la journée, il fallait piler, moudre, laver et, le soir venu, on lui permettait de se reposer une heure avant de se coucher. Un soir d'hiver, exténué de fatigue, il s'endormit si profondément auprès du poêle, qu'il ne s'aperçut pas qu'il rôtissait à petit feu. Cruellement brûlé, il garda toute sa vie les traces de cette aventure. Ce fut là, deux ans après son entrée, qu'avec l'aide d'un frère de son patron, il reçut les premières notions de la langue latine.

En 1832, il arrivait à Rouen avec un bagage scientifique bien léger ; c'est lui qui nous le dit dans des notes autobiographiques que sa famille a bien voulu me communiquer : « Mon patron, dit-il, prenait peu de souci de l'instruction de ses employés... Le brave homme ne donnait jamais d'explications à ses élèves et se gardait bien de leur faire la moindre question, soit de chimie, soit de pharmacie. Je n'ai jamais eu chez lui à ma disposition que le traité de pharmacie de Beaumé qu'il suivait pour la plupart de ses préparations, lesquelles, du reste, étaient peu variées. Je ne lui connaissais aucun ouvrage de chimie, de botanique ou d'histoire naturelle. »

Lepage entra à Rouen chez M. Martin, rue Bouvreuil, qui, appréciant bientôt ses qualités, en fit son premier élève, et à sa mort, en 1834, Lepage resta gérant de l'officine jusqu'à ce qu'elle pût être vendue, en 1836; c'est alors qu'il se plaça chez M. Tholomée, rue Beauvoisine, où il devait achever son stage. Ses études de latin, interrompues pendant quelque temps, furent reprises avec une nouvelle ardeur, sous la direction de M. l'abbé Pitres. En entrant chez M. Tholomée, il s'était réservé la facilité d'assister aux cours de M. Girardin et de M. Pouchet; il sut tirer un grand profit de ces savantes leçons, mais la chimie surtout avait ses préférences. Les excellents traités de Soubeiran et de Guibourt, qui venaient de paraître, complétaient à la maison, après l'enseignement oral donné par les éminents professeurs, les connaissances variées que l'on exige du pharmacien.

Enfin, en 1838, le 5 septembre, âgé seulement de 24 ans, il se présentait devant le jury médical de la Seine-Inférieure. Tous les examens sont passés avec la note *très-satisfait* et les félicitations des examinateurs. Le jour même, il recevait à l'hôtel-de-ville le prix du concours ouvert entre les élèves qui suivaient les leçons de M. Girardin.

On avait cru prudent de faire recommander le candidat par son parent, M. Bôné, procureur du roi à Neufchâtel, à M. le docteur Leudet, président du jury ; la précaution était inutile. Le lendemain des examens, M. Leudet envoyait à M. Bôné le billet suivant :

« Mon cher camarade,

« Je n'ai eu rien à faire en faveur de votre protégé, « M. Lepage ; sa dispense a été annoncée par le ministre. « Recevez mes félicitations sur votre jeune parent ; c'est « un jeune homme d'une grande instruction en pharma- « cie et d'une fort bonne tenue dans ses examens. Son « avenir doit être honorable.

« Agréez, etc.

« Dr Leudet.

« 6 septembre 1836. »

Tels ont été les préludes brillants d'une carrière qui resta toujours honorable et féconde.

En attendant l'occasion d'un établissement convenable, Lepage ne pouvait rester inactif. Muni d'une lettre de recommandation, il se rend à Paris et entre dans la fabrique de produits chimiques de Guérin Vary. Un an après environ, il achetait une pharmacie à Gisors. Comme son diplôme du jury médical ne lui permettait de s'établir que dans la Seine-Inférieure, il résolut de se faire recevoir à l'école supérieure de Paris ; cela ne présentait pour lui aucune difficulté et en avril 1843, il revenait à Gisors possesseur d'un diplôme de première classe.

Une fois établi, Lepage donna tous ses soins à sa pharmacie, dont la clientèle fut doublée en quelques années ; mais il ne se désintéressa jamais du mouvement scientifique, et au contraire s'y mêla activement. Dans son laboratoire il étudiait, il élucidait les questions de pharmacologie, de chimie, d'hygiène les plus variées et nul ne mit plus de prudence, de méthode, de science, de loyauté dans ses travaux. Ses analyses, ses expertises pourraient servir de modèle et seront toujours consultées avec profit. Formé à l'école de M. Girardin, avec lequel il conserva toujours les relations les plus honorables, il s'inspirait des qualités maîtresses de son éminent professeur.

Les travaux de Lepage se rapportent surtout à la pharmacie et à l'hygiène, mais aussi à la chimie pure et à des questions agricoles. On en pourrait citer soixante-dix épars dans les journaux et les revues scientifiques ; nous citerons seulement les principaux :

Mémoire sur la formation de l'huile volatile dans les plantes anti-scorbutiques.

Histoire chimique et technologique du marron d'Inde.

Mémoire sur l'opium indigène.

Les eaux potables et économiques de l'arrondissement des Andelys.

Les plantes médicinales du département de l'Eure.

Des propriétés physiques, organoleptiques et chimiques des sirops médicamenteux.

Essai sur les caractères chimiques, organoleptiques, etc. des préparations pharmaceutiques.

Dialyse et caractères des principaux extraits pharmaceutiques.

Guide pratique pour l'essai des médicaments galéniques et chimiques inscrits au Codex. Cet ouvrage, le plus important de beaucoup et auquel ses travaux antérieurs l'avaient préparé, fut composé en collaboration avec M. Patrouillard, son gendre et digne successeur. Il fut couronné en 1878 par l'Institut, qui lui décerna 500 francs sur le prix Barbier. « Les auteurs, dit le rapport, ont rendu un véritable service à la médecine et à la pharmacie, en complétant la pharmacopée nationale par la recherche des moyens les plus propres à constater la bonne préparation et la pureté des médicaments. » C'est à cette publication que Lepage dut d'être nommé membre correspondant de l'Académie de médecine.

Plusieurs autres travaux de Lepage furent récompensés et mirent en évidence sa personnalité. Beaucoup de Sociétés se l'attachèrent par le titre de correspondant. De 1841 à 1850, il fit un cours de physique et de chimie au collége de Gisors, et, plus tard, pendant plusieurs années, un cours de chimie industrielle destiné surtout aux ouvriers. En 1874, il fondait la Société des pharmaciens de l'Eure qu'il maintint, avec le concours de M. Patrouillard, à un rang distingué. Membre du conseil d'hygiène du département de l'Eure, chargé de l'inspection des pharmacies dans deux arrondissements, délégué cantonal pour l'instruction publique, expert au tribunal, suppléant de la justice de paix, administrateur de l'hospice, membre du conseil municipal pendant vingt-neuf ans, adjoint au maire de 1865 à 1871, Lepage épuisa toutes les fonctions qui ne demandent que du dévouement, de la science et du désintéressement.

Pendant l'invasion prussienne, il eut le bonheur de sauver la vie à deux innocents, accusés d'avoir voulu empoisonner des soldats en mettant du phosphore dans de la charcuterie. En présence des médecins du corps d'armée, il démontra victorieusement par quelques expériences précises que les viandes incriminées ne contenaient pas de phosphore.

Lepage aurait brillé sur un plus grand théâtre; il préféra rester à Gisors où l'estime de tous lui était acquise, se contentant de goûter les joies paisibles de la famille entre une épouse dévouée et des enfants chéris. Dans cet intérieur si uni, si aimant, tout semblait concourir au seul bonheur que l'on puisse espérer ici-bas, lorsqu'une épreuve cruelle y mit la désolation ; son fils, dont il se plaisait à perfectionner l'instruction, meurt à 24 ans, laissant dans la famille un deuil que le temps n'a pu faire oublier. Le ciel lui devait une compensation, il la trouva dans le gendre si sympathique qui recompléta la famille. Il eut, en effet, cette faveur inappréciable de rencontrer dans M. Patrouillard une parfaite communauté d'opinions pour tout ce qui fait la vie de l'homme : devoirs de famille, obligations professionnelles, connaissances scientifiques. Il aimait à exprimer la vive satisfaction que lui avait causée cette union.

Lepage aimait sa profession, il en avait une haute idée et concevait, à un point de vue trop souvent oublié, la mission scientifique du pharmacien. C'est surtout dans les petites villes que le concours du pharmacien est réclamé pour la justice, l'hygiène, l'agriculture, l'industrie et les arts. C'est le chimiste éminemment pratique, facilement abordable, toujours prêt. S'il est instruit et laborieux, que de services ne peut-il pas rendre autour de lui!

Mais, avant tout, Lepage était pharmacien; c'était avec un soin jaloux qu'il s'occupait de la préparation de ses produits, contrôlant les procédés, en cherchant de meilleurs et voulant assurer aux médicaments toute leur efficacité. Il était bien le collaborateur et l'auxiliaire du médecin et réalisait dans la pratique ce portrait du pharmacien tracé par le vieux Spielmann :

« *Rite formatus pharmacopœus, dignitatem artis suæ tuebitur..... ad provehendam medicinam augendamque naturæ cognitionem, scientiæque naturalis ambitum ampliandum haud inanem operam contribuet; unà cum medico saluti civium pariter consulet; doctoris medicinæ nequaquam, ut vulgo videtur, famulus, sed frater, collega, cooperator, amicus!* (1) »

S'il fut un homme de science, notre collègue fut aussi un homme de bien. Profondément croyant, il puisait dans les principes les plus solides, l'honnêteté, la loyauté, l'urbanité, qui faisaient le charme de ses relations. « Fidèle dans ses amitiés, a dit si justement M. Louis Passy, notre honorable président, très-ferme dans ses convictions politiques et religieuses, il se tenait volontiers à l'écart, et évita toujours les batailles de paroles qui aigrissent les situations (2). » Sa vie s'écoula, a-t-on dit encore avec

(1) Le pharmacien instruit maintiendra la dignité de son art; il contribuera puissamment à faire progresser la médecine, à augmenter la connaissance de la nature et à étendre le domaine des sciences naturelles. Il concourra avec le médecin à l'amélioration de la santé publique. Il n'est point, comme on le croit généralement, le serviteur du médecin, mais son frère, son collègue, son coopérateur, son ami!

(2) Article nécrologique sur Lepage, dans le *Vexin* du 16 mai 1886.

vérité sur sa tombe, à l'ombre d'un seul drapeau, celui de l'honnêteté et de la science !

Lepage souffrait depuis quelques années d'une affection de la prostrate ; cependant son ardeur pour le travail ne se ralentissait pas; dans la maturité du talent, il pouvait rendre encore de grands services à la science, mais, dans les premiers mois de l'année, son état s'aggrava; les organes essentiels de la vie étaient atteints, et malgré les soins affectueux qui l'entouraient, le 8 mai dernier, il expirait sans agonie. Il mourut comme il avait vécu, animé de grands sentiments de foi et d'espérances chrétiennes. Tous pleuraient autour de sa couche, mais lui, calme, résigné, acceptait simplement le douloureux sacrifice.

Ses obsèques ont été dignes; tout ce que la ville de Gisors compte de notabilités y assistait. Des délégués de Rouen, d'Evreux, de Paris étaient venus s'associer au deuil de la famille et de la pharmacie.

Depuis longtemps, j'étais lié avec Lepage; nul n'appréciait plus que moi sa science éprouvée, la sûreté de son amitié, sa bienveillance et son honorabilité ; aussi ai-je accepté avec plaisir la mission que m'offrait la Société de l'Eure. Je suis heureux de rendre à mon cher confrère ce public et dernier témoignage, et de m'associer à cette glorification d'un compatriote que l'on peut présenter comme modèle aux jeunes gens. Parti des rangs les plus modestes, il est arrivé par son travail, sa persévérance et son beau caractère, à cette situation éminente qui lui vaut les hommages que ses concitoyens lui décernent aujourd'hui.

Notice biographique sur M. Lepage,

Par M. Labiche, vice-président de la Société des Pharmaciens de l'Eure.

« Messieurs et chers collègues,

« Tous, vous le savez, quelques jours avant la réunion que nous devions avoir en mai dernier, la mort nous a enlevé M. Lepage, le bien-aimé fondateur et président de notre Société. Le deuil dans lequel cette perte nous a mis, et le chagrin que j'en éprouvais m'ont fait, ainsi que vous en avez été informés, remettre jusqu'à ce jour la réunion. Je vous remercie de l'adhésion que vous avez donnée à ce retard et des marques de sympathie et de condoléances que vous m'avez envoyées.

« Ce n'est pas sans ressentir une bien grande peine que je vais m'asseoir au fauteuil de la présidence, place qui, depuis que notre Société existe, a toujours été occupée par son fondateur. J'en suis d'autant plus peiné, qu'il m'a été impossible d'aller rendre à M. Lepage le dernier des devoirs que je lui devais au nom de la Société et de mon amitié personnelle ; aussi est-ce bien sincèrement que je remercie M. Gascard d'avoir bien voulu me remplacer à la triste cérémonie de l'inhumation, et d'y avoir parlé au nom de la Société.

« Il est de mon devoir, chers collègues, de vous dire ce qu'a été M. Lepage, fondateur et président de cette Société, qu'il a su élever à un aussi haut rang scientifique, tout en s'y occupant des intérêts professionnels, et en y maintenant l'union entre tous ses membres.

« Comme la plupart des jeunes gens que, il y a plus d'un demi-siècle, l'on destinait à la pharmacie, Lepage a été le fils de ses œuvres. Ses parents, cultivateurs à Saint-Aubin-de-Scellon, dans l'arrondissement de Bernay, le placèrent à l'âge de quatorze ans, après sa sortie de l'école de son pays, dans une pharmacie de village. Là, il lui fallut s'initier à toutes les sciences se rapportant à la pharmacie et aux notions du latin. Tous ces débuts furent pénibles, mais Lepage travailla avec ardeur, et après quatre années de manipulations pharmaceutiques, et d'étude des premières notions de chimie, de physique, de botanique et de latin, poussé par un ardent désir de réussir, il alla à Rouen.

« Là, il se fit aimer de ses maîtres qui apprécièrent ses aptitudes, et sous leur direction et celle des célèbres professeurs de ce temps-là, Morin, Girardin, Pouchet, il fit de bonnes études, et vers la fin de 1839, il fut reçu pharmacien par le jury de Rouen.

« Lepage, tout en travaillant dans une pharmacie, ne se contentait pas encore de suivre les cours ; il faisait avec ses amis ce que font peut-être encore certains étudiants; entre eux, ils se donnaient des leçons, se faisaient des répétitions, ou subissaient des examens qui n'étaient pas moins sérieux que ceux passés devant le jury; aussi l'élève qui était reçu avec l'assentiment de ses camarades avait-il toutes les chances possibles pour réussir devant le jury officiel.

« Un habitant de Louviers, mon ami M. Greslay, ancien professeur de chimie et très-savant botaniste, a connu Lepage à Rouen et en a gardé le meilleur souvenir ; aussi en parlait-il toujours avec plaisir et bonheur, et il était satisfait de le voir lorsqu'il venait à Louviers. Réciproquement, on se rappelait les bonnes années où Lepage, élève à la pharmacie Martin, au retour de ses herborisations avec le professeur Pouchet, portait à M. Greslay sa boîte, pour avoir à nouveau une leçon de botanique et la description des plantes qu'il avait récoltées.

« Après sa réception par le jury de Rouen, Lepage fit l'acquisition d'une pharmacie à Gisors, et pour ne pas subir de nouveaux examens devant un jury départemental, il vint à Paris. Le titre de bachelier n'étant pas encore obligatoire, il se fit recevoir maître en pharmacie à l'Ecole supérieure, devant laquelle il passa de brillants examens. C'était en 1840 ; alors, définitivement fixé à Gisors, il commença la série de ses travaux qui ne s'est terminée qu'avec sa vie. Dans cet espace de quarante-six ans, je compte plus de *quatre-vingts publications* se rapportant à la pharmacie, l'histoire naturelle et la chimie, sans compter ses travaux d'expertises médico-légales, commerciales, etc.

« La plupart des travaux de Lepage sont publiés dans les recueils suivants : le *Journal de Pharmacie et de Chimie*, le *Journal de Chimie médicale*, le *Bulletin du Comice agricole de Gisors*, l'*Annuaire de l'Association normande*, le *Bulletin de l'Académie de médecine*, le *Précis de l'Aca-*

démie des Sciences, Arts et Belles-Lettres de Rouen, le *Répertoire de Pharmacie,* l'*Union pharmaceutique,* les *Rapports du Conseil central d'hygiène de l'Eure* et le *Bulletin de la Société des pharmaciens de l'Eure.* De 1840 à 1886, pas une année ne s'est écoulée sans que Lepage n'ait fait quelque publication scientifique. Quelle énergie, quelle force et quelle volonté de travail a-t-il fallu à ce savant dont nous avons connu la modestie, pour mener à bonne fin tant de travaux, certains d'entre eux demandant pour être achevés plusieurs années d'études !

« La mort de Lepage a causé à la pharmacie en général une grande perte, et à notre Société en particulier un vide difficile à combler.

« La nomenclature de ses travaux devrait avoir sa place ici ; le temps m'a manqué pour la faire, et la durée de cette séance ne le permettrait pas ; notre *Bulletin* la publiera. De 1841 à 1850, Lepage a été professeur de chimie et de physique au collége de Gisors ; il avait reçu sa nomination de membre du jury médical de l'Eure, et il allait siéger dans ce conseil, quand les jurys départementaux ont été supprimés ; de 1869 à 1875, il fut inspecteur des pharmacies et exerça cette fonction alternativement dans les arrondissements de Bernay, de Pont-Audemer et des Andelys.

« Dans ses inspections, la plupart d'entre nous ont été à même d'apprécier son caractère, son savoir, son amabilité et son impartialité, et il m'a été donné d'éprouver personnellement toutes ces qualités dans quelques inspections et dans des expertises où j'ai été son collègue et son collaborateur.

« Les nombreux travaux de Lepage sont connus et appréciés par tous les corps savants : aussi appartenait-il à un très-grand nombre d'entre eux. Ainsi, il était membre correspondant de l'Académie nationale de médecine, de l'Académie des sciences, arts et belles-lettres de Rouen, de la Société médico-pratique de Paris, de la Société de médecine de Toulouse, de la Société linnéenne de Normandie, de la Société royale des sciences naturelles et médicales de Bruxelles, de la Société d'agriculture de la Seine-Inférieure, de la Société de pharmacie de Paris, des Sociétés de pharmacie de Rouen, Anvers, Turin, Lisbonne, Bruxelles, etc. En diverses circonstances, il avait reçu, en récompense de ses travaux, plusieurs médailles d'or et d'argent.

« En 1881, le Conseil général du département de l'Eure, dans sa session d'avril, sur la proposition de sa quatrième commission, vota des remerciements « à ce savant chimiste dont le nom est si bien connu, » et exprima le vœu qu'il reçût du ministre de l'instruction publique une distinction méritée par ses nombreux et intéressants travaux scientifiques.

« Je ne vous ai parlé que de ce que Lepage a fait pour la pharmacie et pour la science. D'autres ont dit les services qu'il a rendus dans la vie publique où, toujours obligeant, conciliant et juste, il faisait abnégation de ses opinions personnelles.

« De ce côté de la vie de notre regretté collègue, je ne vous citerai que deux faits, parce que, à des titres différents, il est vrai, ils se rapportent un peu à la pharmacie.

« En 1875, nous faisions l'inspection des pharmacies dans l'arrondissement de Pont-Audemer, où les religieuses d'une communauté se livraient à la vente des médicaments. Pendant que nous leur faisions des observations, le curé intervint et donnait raison aux religieuses sous le prétexte d'humanité. Lepage lui dit alors : « Si je voulais dire la messe, Monsieur le curé, et confesser, que penseriez-vous? » Le bon prêtre, interloqué, comprit que chacun doit obéir à la loi, sourit et s'inclina.

« Pendant l'invasion de 1870, tandis que son fils, incorporé à Louviers dans un régiment de mobiles, attendait le moment de défendre la patrie contre la fureur des envahisseurs, Lepage, à Gisors, parlementait avec les Prussiens, et défendait devant eux la liberté et la vie de deux commerçants de la ville, en démontrant chimiquement la fausseté de l'accusation dont ils étaient l'objet; il fut assez heureux pour y réussir. Pendant ce temps-là, ne recevant aucune nouvelle, il était dans une grande anxiété sur le sort de son fils.

« Lepage est mort comme il avait vécu, en bon chrétien, en homme juste et fidèle à ses convictions. Il n'est plus, mais sa mémoire demeure impérissable; le *Guide pratique pour l'essai des médicaments* qu'il a fait et publié en collaboration avec son gendre, notre collègue M. Patrouillard, sera toujours d'une utilité incontestable pour les pharmaciens; toujours on le trouvera dans les pharmacies, en France aussi bien qu'à l'étranger, à côté du *Codex* obligatoire. Ainsi se perpétueront le nom et le souvenir du fondateur et premier président de la Société des pharmaciens de l'Eure : LEPAGE, DE GISORS. »

Travaux scientifiques de H. Lepage, de Gisors,

Pharmacien,
Président et Fondateur de la Société des pharmaciens du département de l'Eure,

Membre correspondant de l'Académie nationale de médecine, Membre du Conseil d'hygiène et de salubrité du département de l'Eure; Membre correspondant de l'Académie des Sciences, Belles-Lettres et Arts de Rouen, de la Société médico-pratique de Paris, de la Société de médecine de Toulouse, de la Société Linnéenne de Normandie, de la Société royale des Sciences naturelles et médicales de Bruxelles, de la Société centrale d'Agriculture du département de la Seine-Inférieure, des Sociétés de Pharmacie de Paris, d'Anvers, de Bruxelles, de Lisbonne, de Turin, etc., Professeur de physique et de chimie au Collége communal de Gisors, de 1841 à 1850.

I. — Chimie et histoire naturelle.

Recherches sur les moyens de distinguer les alcalis végétaux par le chlore et par le sulfocyanure de potassium. (*Journal de pharmacie*, 1840.)

Note sur l'hespéridine. (*Journal de chimie médicale*, 1841.)

Observations sur le meilleur mode d'administrer le chlore à l'intérieur. (*Idem.*)

Note sur la transformation du calomel en sublimé sous l'influence des chlorures alcalins. (*Journal de Chimie médicale*, 1842.)

Note sur le sulfate de potasse. (*Journal de Chimie médicale*, 1843.)

Deuxième note relative à l'action qu'exercent les chlorures alcalins sur le calomel. (*Idem.*)

Recherches sur quelques nouveaux lactates. (*Idem*, 1844.)

Note sur la falsification de la cochenille. (*Idem*, 1844.)

NOTE sur la falsification de la cire. *(Idem*, 1844.)

NOTE sur la falsification des thés. *(Idem*, 1844.)

NOTE sur la transformation du chlorure mercurique en chlorure mercureux par quelques préparations pharmaceutiques. *(Journal de Pharmacie et de Chimie*, 1845.)

PROCÉDÉ pour la préparation du lactate de fer. *(Journal de Chimie médicale*, 1846.)

MÉMOIRE sur la formation de l'huile volatile dans quelques crucifères sèches (les plantes dites antiscorbutiques). *(Journal de Chimie médicale*, 1846.) RAPPORT favorable à la Société de Pharmacie de Paris, séance du mois de février 1845, par M. Dublanc.)

NOTE sur l'extraction de l'iode des bains iodurés. *(Journal de Chimie médicale*, 1846.)

OBSERVATION d'empoisonnement par l'acide arsénieux combattu avec succès par la magnésie calcinée, etc. *(Académie de médecine* et *Journal de Pharmacie et de Chimie*, 1846.)

NOTE sur les effets du nouvel antidote de l'acide prussique indiqué par MM. Smith, d'Edimbourg. *(Idem*, 1846.)

ANALYSE d'un lait rose. *(Journal de Chimie médicale*, 1847.)

NOTE sur une substance extraite des écorces du hêtre *(Fagus sylvatica)*. *(Journal de Pharmacie et de Chimie*, 1847.)

EXPÉRIENCES pour servir à l'histoire chimico-pharmaceutique des feuilles de laurier-cerise, de leur eau distillée, etc. (Académie de Médecine, séance du 16 novembre 1847; *Journal de Pharmacie et de Chimie* et *Journal de Chimie médicale*, 1848.)

NOTE relative à la présence de l'iodate de potasse dans l'iodure de potassium. *(Journal de Chimie médicale*, 1848.)

ACTION DE L'ÉTHER acétique sur le fulmi-coton. *(Journal de pharmacie et de Chimie*, 1848.)

DU CHLOROFORME considéré comme agent dissolvant. *(Journal de Chimie médicale*, 1851.)

MÉMOIRE sur l'aménagement des fumiers. *(Bulletin du Comice agricole de Gisors*, 1851.)

ANALYSE d'engrais dits concentrés du commerce. *(Annuaire de l'Association normande pour* 1852.)

OBSERVATION relative à la préparation de la digitaline, etc. *(Académie impériale de médecine*, 27 décembre 1853.)

NOTE sur l'emploi des épilobes et de l'ulmaire comme matières tinctoriales. *(Annuaire de l'Association normande pour* 1854.)

FAITS pour servir à l'histoire chimique et technologique du marron d'Inde. *(Précis de l'Académie impériale des Sciences de Rouen* et *Bulletin de l'Académie impériale de Médecine*, 1856.) L'Association normande a décerné une médaille d'argent à l'auteur de ce travail.

RELATION d'un cas d'empoisonnement par le carbonate de plomb; emploi du persulfure de fer hydraté. *(Journal de Chimie médicale*, 1856.)

ESSAI de la codéine falsifiée avec le sucre candi. *(Journal de Pharmacie et de Chimie*, 1857.)

PRÉPARATION de l'anchusine et de la curcumine au moyen du sulfure de carbone. *(Répertoire de Pharmacie*, 1858.)

Mémoire sur les plantes du vieux château de Gisors et des environs. *(Bulletin de l'Académie impériale de médecine,* 1861.) Rapport favorable.

Remarques sur quelques-uns des moyens proposés pour constater la présence de l'alcool dans le chloroforme. *(Journal de Pharmacie et de Chimie,* 1860.)

Note sur une réaction des iodates alcalins en présence d'un alcaloïde et de l'acide sulfurique. *(Union pharmaceutique,* avril 1861.)

Mémoire sur la récolte et les qualités de l'opium indigène. *(Bulletin de la Société libre d'émulation, du commerce et de l'industrie de la Seine-Inférieure* pour les années 1862 et 1863.) Mémoire couronné, médaille d'argent.

Étude chimique sur les graines du fusain d'Europe. *(Précis de l'Académie impériale des sciences, belles-lettres et arts de Rouen, année* 1861-1862, et *Répertoire de Pharmacie,* 1863.)

Emploi de la glycérine comme agent conservateur de la dissolution d'acide sulfhydrique. *(Journal de pharmacie et de Chimie,* 1867.)

Note sur le moyen de constater la présence du phosphate de chaux dans le sous-azotate de bismuth. *(Répertoire de Pharmacie,* Juin 1868.)

Examen hydrotimétrique des eaux potables et économiques des principales localités de l'arrondissement des Andelys. *(Travaux du Conseil d'hygiène et de salubrité du département de l'Eure,* 1868.)

Recherche et dosage du bromure de potassium dans l'iodure. *(Journal de Pharmacie et de Chimie,* 1872.)

PROCÉDÉ pour la recherche des arséniates dans les sels alcalins et alcalino-terreux, présenté à l'Académie de médecine, séance du 23 juin 1874, et *inséré dans le Précis des travaux de l'Académie de Rouen*, 1875.

NOTE sur la vératrine (*Journal de Pharmacie et de Chimie*, 1874.)

NOTE relative à l'acide thymique ou thymol. (*Journal de Pharmacie et de Chimie*, 1874.)

MÉMOIRE, en collaboration avec M. Ch. Patrouillard, envoyé en 1873 à la Société de Médecine de Toulouse, en réponse à la question suivante mise au concours : *De la pureté des principaux médicaments chimiques; indiquer les moyens d'essai les plus sûrs et les plus faciles.* — La Société a décerné une médaille d'or à ce travail dans sa séance publique du 10 mai 1874.

NOUVEAU MODE D'ESSAI de l'iodure de potassium, permettant d'y constater la présence des différents sels étrangers qu'il peut contenir. (*Journal de Pharmacie et de Chimie*, 1876.)

ESSAIS qualitatifs de l'opium et du quinquina. (*Journal de Pharmacie et de Chimie*, 1876.)

PRÉPARATION du santonate de soude. (*Journal de Pharmacie et de Chimie*, 1876.)

CATALOGUE des plantes médicinales du département de l'Eure, avec l'indication des localités où l'on peut récolter, pour les besoins de la pharmacie, celles qui ne se trouvent pas partout, et des remarques au sujet de quelques substitutions d'espèces qui se pratiquent assez fréquemment. (In-8° de 54 pages, 1879.)

II. — Pharmacie.

Mémoire sur la purification du styrax destiné à l'usage interne, etc. *(Journal de Chimie médicale*, 1842.)

Mémoire ayant pour titre : Les corps gras sont-ils aptes à dissoudre par la coction les principes actifs des solanées vireuses? *(Journal de Chimie médicale*, 1845.)

Note sur le collodion chloroformé. *(Journal de Chimie médicale*, 1849.)

Note relative à la conservation de l'hydrolat de laurier-cerise par l'addition d'une petite quantité d'acide sulfurique. *(Journal de Pharmacie et de Chimie*, 1849.)

Mémoire sur quelques préparations pharmaceutiques d'ulmaire. *(Répertoire de Pharmacie*, 1851.)

Note sur l'huile iodée. *(Répertoire de Pharmacie*, 1851.)

Note sur la résine de scamonée et sur son meilleur mode d'administration. *(Répertoire de Pharmacie*, 1853.)

Note relative à la prétendue solubilité de la morphine dans le chloroforme. *(Journal de Pharmacie et de Chimie*, 1854.)

Note sur la préparation du mellite de roses rouges et sur un caractère chimique spécial de ce médicament, dû à la présence de la pectose, qui existe en notable quantité dans les roses. *(Revue pharmaceutique* pour 1855.)

De l'emploi de la poudre du raifort sauvage comme succédané de la farine de moutarde. *(Journal de Pharmacie et de Chimie*, 1855.)

Préparation des huiles de croton tiglium, de laurier et

de muscades au moyen du sulfure de carbone. *(Journal de Chimie médicale*, 1856.)

Des propriétés physiques, organoleptiques et chimiques qui peuvent servir à distinguer les sirops médicamenteux le plus généralement employés *(Journal de Pharmacologie publié par la Société des sciences médicales et naturelles de Bruxelles*, 1859, et *Journal de Pharmacie et de Chimie*, 1860.) Mémoire couronné. (Médaille de vermeil.)

Des Sucs éthérés des plantes vireuses; dosage approximatif des alcaloïdes dans les extraits de ces plantes. *(Journal de Pharmacie et de Chimie*, 1863.)

Observations sur la préparation de quelques extraits. — Procédé pour apprécier chimiquement la bonne qualité de ceux que doivent contenir des alcaloïdes. *(Union pharmaceutique*, 1864.)

Essai sur les caractères physiques, organoleptiques et chimiques que doivent présenter les principales préparations pharmaceutiques officinales. Brochure de 120 pages. Ce travail a été couronné en 1866 (médaille d'argent), sur la proposition du Comité consultatif d'hygiène de France.

Sur le moyen de reconnaître la glucose dans les sirops du commerce. *(Répertoire de Pharmacie*, 1868.)

Étude sur la préparation, les caractères et la dialyse des principaux extraits pharmaceutiques. Mémoire couronné en 1870 (médaille d'or), sur le Rapport de M. Filhol, par la Société de Médecine de Toulouse. (Le *Journal de Pharmacie et de Chimie*, Avril 1872, a donné une appréciation de ce travail.)

Note relative à la préparation du sirop d'iodure de calcium. (*Bulletin de la Société des Pharmaciens de l'Eure*, 1876.)

Emploi de l'iodure cadmi-potassique pour l'essai de diverses préparations pharmaceutiques officinales. (*Journal de Pharmacie et de Chimie*, 1877.)

Note relative à la préparation et aux caractères de l'ergotine. (*Journal de Pharmacie et de Chimie*, 1879.)

Guide pratique pour l'essai des médicaments galéniques et chimiques inscrits au *Codex*. — Un volume in-12, de 262 pages. — Paris, 1876.

Cet ouvrage, qui a été fait avec la collaboration de M. Patrouillard, a reçu de l'Institut, en 1878, une récompense de 500 francs, sur le prix Barbier. Les auteurs, dit le Rapport, « on rendu un véritable service à la médecine et à la pharmacie en *complétant* la pharmacopée nationale par la recherche des moyens les plus propres à constater la bonne préparation et la pureté des médicaments, tant galéniques que chimiques, qui ont trouvé place dans cette importante pharmacopée. »

Examen de quelques extraits de quinquina, de belladone et de ciguë du commerce de la droguerie. (*Journal de Pharmacie et de Chimie*, 1884.)

Contribution à l'étude pharmacologique de la ciguë. (*Bulletin de l'Académie de Médecine*, 9 *décembre* 1884 et *Journal de Pharmacie, janvier* 1885.)

Evreux. — Ernest Quettier, imprimeur.

www.ingramcontent.com/pod-product-compliance
Ingram Content Group UK Ltd.
Pitfield, Milton Keynes, MK11 3LW, UK
UKHW021317190726
13839UKWH00007B/1929

9 782329 522340